MUJERES y REVOLUCIÓN

El ejemplo vivo
de la Revolución Cubana

Asela de los Santos | Mary-Alice Waters
Arelys Santana | Leira Sánchez

PATHFINDER

Nueva York   Londres   Montreal   Sydney

ISBN 978-1-60488-049-6
Número de Control de la Biblioteca del Congreso
(Library of Congress Control Number) 2012956146
Impreso y hecho en Estados Unidos de América
Manufactured in the United States of America

Diseño de la portada: Eva Braiman

Pathfinder
www.pathfinderpress.com
E-mail: pathfinder@pathfinderpress.com

Feria del libro de La Habana en 2012
'Las mujeres en Cuba: Haciendo una revolución dentro de la revolución'

MARTÍN KOPPEL Y HARRY D'AGOSTINO

Las mujeres en Cuba: Haciendo una revolución dentro de la revolución, publicado por la editorial Pathfinder, fue presentado aquí en La Habana el 14 de febrero en un auditorio colmado de público.

El lanzamiento, uno de los centenares que se celebraron durante los 10 días de la Feria Internacional del Libro de La Habana, el mayor evento cultural anual de Cuba, contó con la asistencia de 130 personas de diferentes generaciones. Había estudiantes universitarios, entre ellos unos jóvenes de Estados Unidos que estudian en Cuba, miembros y dirigentes de la Federación de Mujeres Cubanas (FMC) y decenas de mujeres y hombres que combatieron en la guerra revolucionaria que en 1959 derrocó a la dictadura de Batista apoyada por Washington y dio inicio a la revolución socialista en América. La actividad se celebró en la Casa del ALBA Cultural, en un punto céntrico de La Habana.

El libro, editado en inglés y en español, contiene en-

Del número del 12 de marzo de 2012 del *Militante*, semanario socialista editado en Nueva York.

trevistas con Vilma Espín, Asela de los Santos y Yolanda Ferrer.

Espín fue dirigente de la Revolución Cubana por más de 50 años, siendo combatiente del Movimiento 26 de Julio en Santiago de Cuba y del Segundo Frente del Ejército Rebelde en las sierras orientales de Cuba. Después del triunfo en 1959 fue dirigente central de la actividad revolucionaria de la cual nació la Federación de Mujeres Cubanas. Ella fue presidenta de la federación hasta su fallecimiento en 2007.

De los Santos, también combatiente revolucionaria de la clandestinidad en Santiago y del Ejército Rebelde, fue compañera de lucha de Espín desde sus años estudiantiles. Dirigente fundadora de la FMC, fue su primera secretaria general y actualmente es investigadora de la Oficina de Historia de las Fuerzas Armadas Revolucionarias.

Ferrer, quien ingresó a la FMC de adolescente en 1960, es hoy secretaria general de la organización y miembro del Consejo de Estado de Cuba.[1]

Arelys Santana, segunda secretaria de la FMC, quien moderó el evento, presentó a las otras tres oradoras: De los Santos; Leira Sánchez, miembro del Buró Nacional de la Unión de Jóvenes Comunistas (UJC) de Cuba; y Mary-Alice Waters, presidenta de la editorial Pathfinder y editora del nuevo libro.

Santana reconoció también la presencia en el público de varios de los dirigentes históricos de la revolución. Entre ellos había combatientes revolucionarios tales como el vicepresidente José Ramón Fernández, Armando Hart, la

---

1. En octubre de 2012 Ferrer fue liberada de sus responsabilidades como secretaria general de la FMC. Teresa Amarelle Boué, anteriormente primera secretaria del Partido Comunista de Cuba en la provincia de Las Tunas, la sustituyó.

general de brigada Teté Puebla y Víctor Dreke.[2]

También participaron muchas dirigentes fundadoras y cuadros veteranos de la FMC, entre ellas Carolina Aguilar, Alicia Imperatori, Iraida Aguirrechu e Isabel Moya.

La tribuna de oradores representa tres generaciones de revolucionarias cubanas, dijo Santana. La participación de Waters en el panel, agregó, representa "la revolución norteamericana que viene, recordando las palabras de Jack Barnes", secretario nacional del Partido Socialista de los Trabajadores y autor del libro *Cuba y la revolución norteamericana que viene*. Waters y el PST, dijo Santana al público, son "compañeros de luchas, defensores y difusores de la Revolución Cubana y sus realidades en todas las tribunas, especialmente allí en el corazón del imperialismo".

Leira Sánchez, secretaria de relaciones internacionales de la UJC, recalcó que el libro narra una historia que "no siempre se ha logrado escribir en toda su magnitud", y que "contribuye a la formación de las nuevas generaciones" en Cuba. Se presenta "en un lenguaje muy ligero de comprender hasta para los jóvenes" que no pasaron por esas experiencias.

Sánchez dijo que conoció a De los Santos por primera vez hace varios años cuando cursaba estudios en el Instituto Superior Pedagógico Enrique José Varona de la Universidad de La Habana. De los Santos "comentaba todo lo que se había logrado hacer en el Segundo Frente, dándole vida al programa rector descrito en *La historia me absolverá*. En aquel momento para mí como joven era una historia casi desconocida", recordó Sánchez.

La dirigente de la UJC se refería al Segundo Frente del Ejército Rebelde, comandado por Raúl Castro, que abarcó

---

2. En las pp. 6–7 hay una foto y más información sobre muchos de estos participantes.

ENTRE LOS PARTICIPANTES

El general de división **José Ramón Fernández** comandó la principal columna de las tropas que derrotaron la invasión a Cuba, organizada por Washington, en Playa Girón en abril de 1961 en menos de 72 horas de combate. Vicepresidente del Consejo de Ministros de 1978 a 2012.

Armando Hart, uno de los fundadores y dirigentes del Movimiento 26 de Julio, su coordinador nacional por un año hasta que fue capturado por la policía de Batista en enero de 1958. Fue ministro de cultura de Cuba por 20 años.

La general de brigada **Teté Puebla**, segunda al mando del Pelotón Femenino Mariana Grajales del Ejército Rebelde. Desde 1985 ha sido directora de Atención a Combatientes, Familiares de Internacionalistas y Mártires de la Revolución.

Víctor Dreke, comandante de los batallones voluntarios que derrotaron a las bandas contrarrevolucionarias en la sierra del Escambray a principios de los 60; segundo al mando de Ernesto Che Guevara en la misión internacionalista cubana en el Congo en 1965. Vicepresidente de la Asociación de Combatientes de la Revolución Cubana.

Carolina Aguilar, fundadora y dirigente veterana de la Federación de Mujeres Cubanas. Directora por muchos años de la Editorial de la Mujer, casa editora de la FMC.

Alicia Imperatori, administradora fundadora de la escuela Ana Betancourt para mujeres campesinas, organizada por la FMC.

Iraida Aguirrechu, fundadora de la FMC y anteriormente encargada de política actual en la Editora Política, casa editorial del Comité Central del Partido Comunista de Cuba.

Isabel Moya, dirigente de la FMC y actual directora de la Editorial de la Mujer.

Veteranos dirigentes de la revolución ocuparon la primera fila del público en la presentación. **Arriba:** Primera fila, desde la derecha: la general de brigada Teté Puebla; el general de división José Ramón Fernández; Armando Hart; Alicia Imperatori; segunda fila, desde la derecha: Isabel Moya (detrás de Fernández); Carolina Aguilar (aplaudiendo); Iraida Aguirrechu. **Abajo:** Parte del público en el evento, una de los centenares de presentaciones de libros en la feria de 2012.

un inmenso territorio rural en el oriente de Cuba, liberado del control del régimen de Batista. En los últimos meses de la guerra revolucionaria en 1958, De los Santos fue puesta a cargo del Departamento de Educación del Segundo Frente, el cual fue responsable de la creación de más de 400 escuelas primarias y el inicio de clases de alfabetización para combatientes rebeldes y otros residentes de la zona.

La historia me absolverá fue el discurso de autodefensa que Fidel Castro dio ante el tribunal durante su juicio en 1953 por haber dirigido un asalto a los cuarteles militares de la dictadura en Santiago y en Bayamo. Se convirtió en el programa político del Movimiento 26 de Julio, delineando medidas sociales, económicas y democráticas fundamentales que el gobierno revolucionario pondría en práctica.

Revolución social dirigida por el Ejército Rebelde

De los Santos dijo ante el público que la labor realizada en el Segundo Frente fue precursora de "la gran revolución educacional que impulsaríamos después del triunfo" de enero de 1959, comenzando con la movilización de 100 mil jóvenes maestros voluntarios, en su mayoría adolescentes, quienes se esparcieron por las zonas rurales del país para enseñar a leer y escribir a casi un millón de hombres y mujeres. Erradicaron el analfabetismo en Cuba en un año.

De los Santos citó la introducción de Waters:[3] "En los relatos de primera mano que nos brindan Asela de los Santos y Vilma Espín, vemos la interacción entre los combatientes del Ejército Rebelde y los explotados campesinos y trabajadores agrícolas sin tierra en esa región. Vemos las maneras en que se transforman entre sí y juntos llegan a ser una fuerza revolucionaria más fuerte y consciente". Ese párrafo, dijo De los Santos, "llega a la raíz" de la revolución

---

3. Ver la p. 44.

social dirigida por el Ejército Rebelde. Ella señaló que la incorporación de las mujeres a la Revolución Cubana empezó con "la participación numerosa de las mujeres en las filas del Ejército Rebelde" y con "el liderazgo de Fidel en la lucha por la igualdad".

Después del triunfo revolucionario, "en los primeros tiempos hablábamos solo de la participación de la mujer", dijo. Pero "en esa labor concreta, sencilla pero nada fácil, se estaban dando los primeros pasos de la compleja y larga batalla por el ejercicio pleno de la igualdad de la mujer".

De los Santos concluyó diciendo que el libro mismo subraya "nuestra decisión de seguir juntos, unidos, trabajando por la revolución: de aquí y de allá".

Libro necesario para los trabajadores en lucha

Waters agradeció a la dirección de la Federación de Mujeres Cubanas y de la Asociación de Combatientes de la Revolución Cubana por su colaboración al hacer posible *Haciendo una revolución dentro de la revolución*, una labor de cuatro años.

Ella enfocó sus palabras en señalar por qué el nuevo libro "es importante, en Estados Unidos y en otras partes del mundo más allá de Cuba, para un número creciente de trabajadores que buscan maneras de resistir efectivamente y poner fin a los ataques intensificados de los dueños capitalistas de los medios de producción, y de su gobierno, contra los salarios, las condiciones de trabajo y los derechos del pueblo trabajador".

"Se necesita conocer el ejemplo vivo de los hombres y las mujeres que hicieron la Revolución Cubana, y que siguen haciéndola", dijo Waters, "porque el pueblo trabajador en todas partes, tarde o temprano, se verá impulsado hacia la acción revolucionaria".

Se vendieron más de 100 ejemplares en español y en

inglés de *Haciendo una revolución dentro de la revolución* en el lanzamiento, y 43 más durante el transcurso de la feria. Después del festival la Asociación de Combatientes de la Revolución Cubana, la Unión de Jóvenes Comunistas y la Federación Estudiantil Universitaria organizaron presentaciones del libro. Hubo reportajes sobre el evento del 14 de febrero en los diarios *Granma* y *Juventud Rebelde* así como en otros medios noticiosos.

A continuación aparecen las palabras completas de Santana, De los Santos, Sánchez y Waters.

'Nuestra revolución: ni calco ni copia'

ARELYS SANTANA

Buenas tardes a todas y a todos. Quiero presentarles el panel de hoy.

Tenemos con nosotros a Asela de los Santos Tamayo, combatiente del Ejército Rebelde, Heroína del Trabajo y actual investigadora en la Oficina de Historia de las Fuerzas Armadas Revolucionarias.

Leira Sánchez Valdivia, Miembro del Buró Nacional de la Unión de Jóvenes Comunistas.

Mary-Alice Waters, presidenta de la editorial Pathfinder y directora de la revista *Nueva Internacional*.

Y no puedo evitar decir que entre los muchos compañeros y compañeras que nos acompañan para este día muy especial, se encuentran nuestros queridos Armando Hart y José Ramón Fernández.

Nuestro panel hoy presenta un libro que —lo podrán comprobar los que decidan disfrutarlo— constituye un aporte relevante para la historia de la revolución. Como su

Arelys Santana es la segunda secretaria de la Federación de Mujeres Cubanas.

propia editora, Mary-Alice Waters, conceptualiza, no trata sobre la mujer, sino que pone su mirada sobre los millones de cubanas y cubanos que hicieron y siguen haciendo la revolución.

Las mujeres en Cuba: Haciendo una revolución dentro de la revolución transmite una visión clara y certera de nuestra revolución en todas sus dimensiones: económica, política, cultural y social.

Sobre los valores de esta obra, sus razones para atraer la atención de lectores y lectoras, hablará este panel, que califico como excepcional. Me siento honrada de que el Secretariado Nacional de la Federación de Mujeres Cubanas me haya seleccionado para integrarlo. En su composición inicial se sumaba la compañera Yolanda Ferrer Gómez, secretaria general de nuestra organización y una de las autoras del libro. Pero una tarea ineludible en el exterior no lo permitió, y por ello me encomendó trasladarles un saludo.

Estamos acompañando a nuestra entrañable amiga Mary-Alice, en un momento que marca la culminación de un trabajo riguroso y conscientemente revolucionario como el desarrollado por ella y su editorial, marxistas por formación y sentimiento. Han dedicado muchos años de labor viajando a nuestro país, investigando y leyendo, visitando las instituciones que aseguraran un material de tanto valor y autenticidad, para llegar hasta aquí. Se presenta ahora en Cuba, y seguramente muy pronto se presentará en Nueva York, Londres, Montreal, Sydney y otras ciudades estadounidenses y hasta en otros países.

Mary-Alice, la editorial que preside y el Partido Socialista de los Trabajadores de los Estados Unidos de Norteamérica del cual es dirigente, son compañeros de luchas, defensores y difusores de la Revolución Cubana y sus realidades en todas las tribunas, especialmente allí, en el corazón del imperialismo.

Cada panelista expondrá sus impresiones y opiniones sobre este libro. Asela se referirá a los valores de su contenido. Escucharemos un verdadero testimonio, porque ella es protagonista de primera línea en la tesis principal del libro: la revolución de las mujeres cubanas dentro de la revolución socialista. Este panel excepcional no solo reúne en un mismo propósito a mujeres estadounidenses y cubanas, sino a tres generaciones de cubanas que significan continuidad: las que iniciaron este proceso, como Asela, y las que junto al núcleo fundacional lo impulsamos unidas en la decisión de seguir haciendo esa revolución. Las autoras y editoras forman parte decisiva de la Revolución Cubana, y de la revolución norteamericana que viene, recordando las palabras de Jack Barnes.

Estoy convencida de que interpreto los sentimientos de Mary-Alice y Leira, de los participantes, entre ellos Fernández y Hart, si expreso que este evento resulta excepcional también por la presencia de Asela de los Santos Tamayo, una de las fundadoras de nuestra nueva nación y sus instituciones, de la sociedad socialista cubana, la obra mayor de nuestra revolución. Asela realmente no necesita presentación en este escenario. Pero nosotras, las federadas, siempre deseamos hacerlo para expresarle nuestro respeto, cariño y gratitud por su consagración y talento puestos siempre al servicio del pueblo. Ella es una legítima santiaguera, patriota y revolucionaria.

"Honrar honra", nos enseñó nuestro maestro José Martí,[1] y no deseamos herir su modestia, Asela, pero las cubanas

---

1. José Martí (1853–1895), héroe nacional de Cuba. Dirigió la lucha contra el dominio colonial español y los designios norteamericanos sobre la isla. Organizó la guerra de independencia de 1895 y murió en combate.

En el lanzamiento del libro en La Habana, febrero de 2012. De la izquierda: Leira Sánchez, miembro del Buró Nacional de la Unión de Jóvenes Comunistas; Asela de los Santos, una de las autoras del libro; Arelys Santana, segunda secretaria de la Federación de Mujeres Cubanas; Mary-Alice Waters, editora del libro, presidenta de Pathfinder.

"Este libro no trata sobre la mujer", dijo Santana, citando la introducción. "Trata sobre los millones de cubanas y cubanos que hicieron y siguen haciendo la revolución".

revolucionarias de estos tiempos nos sentimos auténticamente representadas por usted.

Una de las virtudes del libro que hoy traemos a consideración la constituye el retrato vivo y fiel que hace Mary-Alice de sus autoras, tanto con sus datos biográficos y sus entrevistas. Los que se acerquen por primera vez a los detalles de las trayectorias de Vilma, Asela y Yolanda podrán entender mejor sus voluntades aceradas, sus actitudes audaces y valientes en las dos combatientes de los tiempos de la guerra revolucionaria, y su accionar en el período de edificación del socialismo. Bien podrían encarnar el vaticinio del comunista peruano José Carlos Mariátegui, quien afirmó que en Nuestra América las revoluciones no serían ni calco ni copia, sino creación heroica.

La nuestra, cubanísima síntesis de las mejores tradiciones patrióticas, continuidad de sueños de los revolucionarios de todos los tiempos, no solo cumple la utopía de Mariátegui. También reafirma las convicciones de Fidel y Raúl: ¡Sí se puede! Sí se puede construir un mundo mejor que borre las heridas del pasado y edifique una sociedad de justicia y de igualdad, de mujeres y hombres más cultos y más libres.

"En el esbozo que Asela de los Santos hace de la 'república en armas' establecida, bajo la dirección del Ejército Rebelde, por los campesinos y trabajadores en el territorio del Segundo Frente, vemos todo el rumbo futuro de la revolución", dijo Waters.

Izquierda: De los Santos (izq.) con Zoila Ibarra, segunda jefa del Departamento de Educación del Ejército Rebelde, Segundo Frente Oriental, fines de 1958. **Abajo:** De los Santos firma ejemplares del libro después de la presentación, febrero de 2012.

'Años de vida intensa y aprendizaje acelerado'

ASELA DE LOS SANTOS

Queridos participantes de esta presentación, especialmente queridas federadas, miembros de la Federación de Mujeres Cubanas, incluyéndote a ti, Mary-Alice: Arelys anunció que yo hablaría sobre los valores de este libro. Así es, no solo por la invitación que recibí en mi condición de entrevistada, sino como una lectora más en la que se despertó el deseo de expresar sus opiniones sobre el resultado de lo que fue un proyecto de publicación acerca de un tema elegido por la autora y su editorial —la Revolución Cubana y el papel desempeñado en ella por las mujeres— y lo que es este libro que presentamos hoy.

Considero como un primer mérito editorial indiscutible la realización del libro en su totalidad, en su forma y contenido, que incluye cuatro entrevistas bien seleccionadas y dirigidas por el hilo conductor de la temática. Están apuntaladas por esenciales recursos informativos para ubicarlas en tiempo y contexto.

Ha resultado una obra sobre el pensamiento político de la Revolución Cubana y la singularidad de su práctica social, para convertir en realidades las aspiraciones y los sueños de tantas generaciones de cubanas y cubanos.

En lo personal, para mí ha sido un grato ejercicio volver a recorrer, con su lectura, el espinoso camino del trabajo educativo e ideológico para inculcar las ideas de igualdad y de justicia, de liberación y libertad, acordes con nuestra concepción revolucionaria, martiana, marxista y fidelista, y los grandes y diversos esfuerzos utilizados para que sus esencias tomaran sentido y cuerpo en cada persona de nuestro pueblo.

Considero también como valor primordial, al propio tiempo que su riqueza informativa, su amenidad y tratamiento en el diseño gráfico, otra forma de hacerlo atractivo. Es un libro de incuestionable rigor profesional: acucioso, profundo, pensado cuidadosamente hasta en los mínimos detalles. Constituye un acierto la selección de las entrevistas, una labor ardua de búsqueda entre muchísimo material publicado. La entrevista de Vilma, "Débora",[1] realizada por el colectivo de la revista *Santiago*, órgano de la Universidad de Oriente, en 1975, en saludo al Año Internacional de la Mujer, de hecho se ha constituido en una pieza antológica en la historia del movimiento revolucionario cubano de la segunda mitad del siglo XX.

En esta primera parte del libro, el énfasis de los redactores fue puesto en la etapa de la lucha insurreccional, en las acciones del clandestinaje de la antigua provincia de Oriente y su capital Santiago. La intención de esclarecer acontecimientos, participación, escenarios, tareas, resultados, apreciaciones, responsabilidades personales, hasta el final de la guerra revolucionaria, se cumplió con creces.

Por ello valoro que fue muy cuidadosa la preparación de la guía de entrevista que me hicieron en 2008 Mary-Alice Waters y Martín Koppel, que luego completaron en

1. Débora fue el nombre de guerra que Vilma Espín usó durante gran parte de la guerra revolucionaria.

18

2009 y 2010. Y pienso que fue muy cuidadosa porque las dos entrevistas, la de Vilma y la que me hicieron a mí, se complementan, aunque abordan los mismos temas. En mi caso me ofrecieron la oportunidad de abundar en detalles poco tratados en la prensa, como los de la organización de las actividades en el territorio liberado del Segundo Frente Oriental Frank País, comandado por Raúl [Castro], en el que Vilma desarrolló tareas importantes.

La responsabilidad de educación, que me fue asignada por el Comandante Raúl Castro, la detallo en el libro, que espero puedan leer, porque fueron, además de interesantes y necesarias, un referente de la gran revolución educacional que impulsaríamos después del triunfo.

Concluyendo, la primera parte del libro aborda las vivencias de las mujeres y hombres en el quehacer revolucionario, particularmente en Santiago de Cuba y en toda la provincia de Oriente. Puedo asegurarles que muestra directa y testimonialmente aquellos años de vida intensa, de aprendizaje acelerado de todas las lides de la guerra revolucionaria, de formación de conciencia política, de conocimiento, de primera mano, de las duras realidades del país, de crecimiento personal y de profundización de los valores más universales de los seres humanos. Allí, en la Sierra y entre los grupos de la clandestinidad, igualdad y fraternidad, solidaridad y amistad, verdad y justicia, trabajo, generosidad y respeto a la dignidad humana, primaban por encima de la mediocridad, la mezquindad, el egoísmo y los prejuicios de todo tipo que fueron impuestos por los tiempos de esclavitud, enraizados por siglos de colonialismo en la mente y los comportamientos.

En la segunda parte del libro, las entrevistas de Vilma y de Yolanda Ferrer explican detalladamente cada acción, cada tarea, cada misión de la Federación de Mujeres Cubanas, desde su concepción y puesta en práctica. En

Guerra revolucionaria cubana
Frentes orientales, fines de 1958

Primer Frente establecido en diciembre de 1956, Cmdte. Fidel Castro.
Segundo Frente establecido en marzo de 1958, Cmdte. Raúl Castro.
Tercer Frente establecido en marzo de 1958, Cmdte. Juan Almeida.
Cuarto Frente establecido en octubre de 1958, Cmdte. Delio Gómez Ochoa.

1, 2, 3, 4 *FRENTES*
Límites de los frentes
CARRETERA CENTRAL
Caminos menores
Caminos rurales
Vía ferroviaria
Límite provincial

● *Ciudades*   ✕ *Mina de níquel*
◉ *Pueblos o poblados*   *Central azucarero*
Comandancia general   ★ *Comandancia del Segundo Frente*

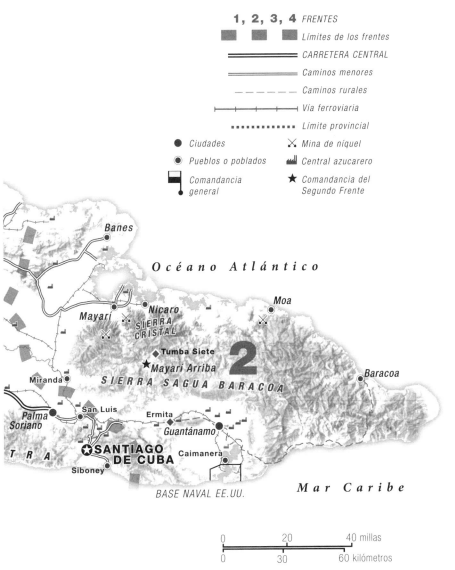

Banes

Océano Atlántico

Moa

Mayarí   Nicaro
SIERRA CRISTAL

Tumba Siete
★Mayarí Arriba

2

Miranda
SIERRA SAGUA BARACOA   Baracoa

Palma   San Luis   Ermita
Soriano
Guantánamo

T R A   ✪SANTIAGO   Caimanera
DE CUBA
Siboney

BASE NAVAL EE.UU.   **Mar Caribe**

0   20   40 millas
0   30   60 kilómetros

"En la Sierra y entre los grupos de la clandestinidad, esos fueron años de conocimiento, de primera mano, de las duras realidades del país", dijo Asela de los Santos.

Arriba: Combatientes del Ejército Rebelde a la entrada de la comandancia, principios de 1958, Guayabal de Nagua, Sierra Maestra. Desde la izquierda, Clodomira Acosta, mensajera del Ejército Rebelde posteriormente detenida, torturada y asesinada por la policía de Batista; Pilar Fernández, maestra colaboradora de la clandestinidad en Manzanillo, luego asignada a trabajar con Celia Sánchez (delante de la puerta), miembro del estado mayor del Ejército Rebelde. Los demás no están identificados.

ellas queda claro que sus referentes se ubican en Cuba, en la participación numerosa de las mujeres en las filas del Ejército Rebelde y en el movimiento de masas que se construyó en todo en apoyo a la revolución.

Aquí, en esta parte del libro, se puede apreciar una cualidad que destaca Mary-Alice: la coherencia entre teoría política y práctica social; la trayectoria consecuente de la lucha por la igualdad en nuestra revolución. Aun cuando en los primeros tiempos hablábamos solo de la participación de la mujer como objetivo estratégico, la ruptura de las barreras entre lo privado y lo público que se produjo con la salida de las mujeres de sus ámbitos y oficios tradicionales —amas de casa en sus hogares, cuidadoras de la familia, madres y esposas— en esa labor concreta, sencilla pero nada fácil, se estaban dando los primeros pasos de la compleja y larga batalla por el ejercicio pleno de la igualdad de la mujer.

Todas estas aristas identificadas por Mary-Alice como aspectos esenciales de la revolución social en su introducción, a la que considero como un acertado ensayo de riguroso enfoque marxista, bien podría inscribirse entre los documentos básicos para una sistematización.[2]

Solo deseo citar un párrafo que indica la mirada aguda que llega a la raíz, y cito: "En los relatos de primera mano que nos brindan Asela de los Santos y Vilma Espín, vemos la interacción entre los combatientes del Ejército Rebelde y los explotados campesinos y trabajadores agrícolas sin tierra en esa región. Vemos las maneras en que se transforman entre sí y juntos llegan a ser una fuerza revolucionaria más fuerte y consciente".

Fidel lo señaló desde cuando fueron ocho hombres y siete fusiles en la montaña y vislumbró la victoria. En esa unidad radicó precisamente nuestra fuerza, y en esa interacción

---

2. La introducción se reproduce al final de este folleto.

VERDE OLIVO

GRANMA

En los años después de la victoria de 1959, dijo Asela de los Santos, "las mujeres salieron de sus ámbitos y oficios tradicionales de amas de casa, madres y esposas. Se estaban dando los primeros pasos de la compleja y larga batalla por el ejercicio pleno de la igualdad de la mujer".

Arriba: Mujeres, al capacitarse para brigadas médicas de emergencia, aprenden a vendar brazo, fines de 1960. La FMC organizó Brigadas de Primeros Auxilios para mujeres que querían participar en la defensa contra mercenarios respaldados por Washington.

Abajo: La Habana, septiembre de 1968, Fidel Castro pasa revista a la primera graduación de 196 mujeres tractoristas, conocidas como las "Piccolinas" por los tractorcitos italianos que manejaban.

comienza la formación de los seres humanos nuevos, una de las principales direcciones del trabajo revolucionario.

Para las mujeres este proceso significó, en la práctica, una revolución personal: revolucionar su pensamiento y su hacer, luchar contra la costumbre, contra los saberes establecidos y aceptados.

Mary-Alice resalta justamente el liderazgo de Fidel en la lucha por la igualdad, calificada por él como una revolución, por su magnitud y alcance, pues atraviesa todas las esferas de la vida social: la producción y la reproducción.

Finalmente, no quisiera pasar por alto otros elementos que le confieren mayor valor al libro, precisamente porque son detalles que no pueden obviar sus cualidades. En primer lugar, me parecieron magníficas las citas de Fidel que aparecen en recuadros, tomadas de sus discursos y otros documentos de su autoría, sobre temas medulares que fundamentan muchos de los textos y valoraciones. Otras citas que evidencian la profundidad de la investigación para seleccionar las más adecuadas complementan la información, entre ellas los clásicos Marx, Engels y Lenin, citas de Ana Betancourt, José Antonio Echeverría, Ernesto Che Guevara, Raúl Castro Ruz, José Ramón Machado Ventura, y otros.[3]

---

3. **Ana Betancourt** participó en la primera guerra cubana de independencia contra España, 1868–78. **José Antonio Echeverría** fue presidente de la Federación Estudiantil Universitaria y principal dirigente del Directorio Revolucionario. Fue asesinado en 1957 por esbirros de la dictadura de Batista durante un asalto al Palacio Presidencial. **Ernesto Che Guevara**, nacido en Argentina, fue uno de los dirigentes de la Revolución Cubana; ocupó importantes responsabilidades en el gobierno revolucionario. Dirigió unidades internacionalistas voluntarias en el Congo en 1965 y en Bolivia en 1966–67, donde fue asesinado por el ejército boliviano durante un operativo organizado por la CIA. **José Ramón Machado Ventura** es primer vicepresidente de los Consejos de Estado y de Ministros y segundo secretario del Partido Comunista de Cuba.

Escuelas primarias, abandonadas por la dictadura, fueron reabiertas por el Ejército Rebelde para niños y familias campesinas. **Arriba:** Una de las más de 400 escuelas creadas en 1958 en el territorio del Segundo Frente Oriental, bajo el mando de Raúl Castro.

"Las labores que hicimos en el Segundo Frente para alfabetizar", dijo Asela de los Santos, "fueron un referente de la gran revolución educacional que impulsamos después del triunfo de enero de 1959".

Este cuerpo del libro, leído por separado, se integra en un todo coherente, sumamente revelador de la tesis fidelista de la revolución de las mujeres en la revolución socialista. Similar ejercicio puede hacerse con los textos realzados tipográficamente, extraídos de las entrevistas y con las páginas de fotografías, atractivas y elocuentes, elementos intencionalmente dirigidos a resaltar los conceptos fundamentales. Otro detalle, las notas al pie de página y el glosario, reúnen un nivel de información ponderable.

Dejé para el final la portada, que muestra una fotografía sugerente de [Raúl] Corrales y otros elementos que anuncian certeramente el contenido del libro. Esas mujeres y hombres sencillos que vemos, empleadas del comercio por su vestimenta, obreros de fábrica, fusil al hombro, marchando firmes, reflejan la imagen de aquel momento histórico en su recorrido de medio siglo, que expresa: del centro laboral a la trinchera, defensa y trabajo, la razón de ser y mantener ayer, hoy y mañana, nuestra revolución socialista.

Quiero agradecer en nombre de las entrevistadas —estoy segura de que a Vilma le hubiese gustado este libro—, de Yolanda, que comparte estas valoraciones expresadas hoy, y de la Federación de Mujeres Cubanas, a Mary-Alice y a todas las personas que colaboraron con ella, y a la editorial Pathfinder este libro que hoy presentamos. Les reitero nuestra inquebrantable amistad y nuestra decisión de seguir juntos, unidos, trabajando por la revolución: de aquí y de allá.

Muchas gracias.

'Nuestro legado para las nuevas generaciones'

LEIRA SÁNCHEZ

Quisiera compartir con ustedes algunos de los pensamientos que tuve mientras me preparaba para presentar por primera vez un libro. Nos acercamos a este libro en diciembre de 2011 en un encuentro con la editorial, cuando todavía estaba en proceso de construcción. En el diálogo sobre los materiales hicimos algunas reflexiones que tenían que ver con mi experiencia personal, ya que soy maestra de formación y cuento con personas muy allegadas a mí en mi familia que visitaron el Segundo Frente.

En aquel momento le agradecí anticipadamente a la Pathfinder haber demostrado en un material de este tipo, no solo el papel de nuestras mujeres a lo largo de la construcción de la revolución, sino también la historia de la Revolución Cubana en muchísimos detalles. A la voz de las compañeras Asela, Vilma y Yolanda, el libro nos permite recorrer la historia de nuestra revolución en la que se ha visto siempre la creciente incorporación de

Leira Sánchez es miembro del Buró Nacional de la Unión de Jóvenes Comunistas, responsable de relaciones internacionales.

28

las mujeres en la plena participación.

El libro se presenta en un lenguaje muy ligero de comprender hasta para los jóvenes. Nos permite recibir esta información de personas que hoy tenemos a nuestro lado todos los días, que siguen haciendo la revolución, y tiene un gran valor. Contribuye a la formación de las nuevas generaciones. Nos sigue demostrando que nuestro pueblo está lleno de hombres y mujeres que han participado en la construcción de la revolución, y que no siempre se ha logrado escribir en toda su magnitud lo que hemos desarrollado a lo largo de los últimos 54 años.

En la lectura del libro también coincidíamos en que las fotografías respondían al título. Nos dice el mensaje en imágenes y también en palabras de una manera muy clara y certera.

Quisiera agradecerle a la editorial el esfuerzo de dejar escrita la historia de la creación de nuestra Federación de Mujeres Cubanas, por aportar una crónica de nuestro legado histórico para las nuevas generaciones de cubanos.

Quiero agradecerle a la Federación no solo por tener la oportunidad de leer el libro, sino de compartir con ustedes en qué medida se acerca a mí, no solo en lo personal sino en mi vida como representante de la dirección juvenil de la organización.

Y quisiera agradecerles también a la Federación y a la Pathfinder la oportunidad de tener la posibilidad de escuchar a Asela de los Santos una vez más. Yo la escuché hace ya muchos años, cuando estaba estudiando en el Instituto Pedagógico Enrique Varona de la Universidad de La Habana. Ella comentaba todo lo que se había logrado hacer en el Segundo Frente, dándole vida al programa rector descrito por Fidel en *La historia me absolverá*. En aquel momento para mí como joven era una historia casi desconocida. Lo que ella nos ha podido transmitir desde ese momento hasta hoy es muy importante.

Los jóvenes compartimos el compromiso con la Federación de dar a conocer esta historia que ha sido posible construir por personas que no pensaron en la gloria sino en el compromiso del deber cumplido.

La lucha por la igualdad de la mujer: 'una necesidad moral, una necesidad revolucionaria'

MARY-ALICE WATERS

Gracias, Arelys, por esa calurosa presentación. Ante todo, una bienvenida muy especial al vicepresidente José Ramón Fernández, al compañero Armando Hart, a la general Teté Puebla y al compañero Víctor Dreke. Es un honor contar con su presencia, y con la participación de decenas de otros combatientes revolucionarios que son demasiado numerosos para mencionar.

Para nosotros es un verdadero placer estar aquí con tantos compañeros y compañeras con los cuales hemos tenido el privilegio de trabajar en los últimos años, y muchos otros que recién ahora estamos llegando a conocer.

A nombre de todos nosotros de la editorial Pathfinder, quisiera expresar nuestro reconocimiento a las direcciones nacionales de la Federación de Mujeres Cubanas y de la Asociación de Combatientes de la Revolución Cubana, y ante todo a las compañeras Asela de los Santos y Yolanda Ferrer. Sin el trabajo arduo que hicieron, y sin su generoso apoyo, este libro —auténtica expresión de una verdad his-

---

Mary-Alice Waters es presidenta de la editorial Pathfinder y miembro del Comité Nacional del Partido Socialista de los Trabajadores.

tórica, de una inquebrantable trayectoria política— jamás se habría hecho realidad.

Desde el comienzo, también ha sido imprescindible el trabajo y la colaboración de otras tres compañeras que aquí están presentes: Carolina Aguilar, Isabel Moya e Iraida Aguirrechu.[1] Solo puedo decirle a cada una de ellas un sentido "gracias".

■

Otros miembros de este panel les están hablando sobre lo que este libro representa para tantas personas aquí en Cuba. Yo quisiera decir unas palabras de por qué Pathfinder lo ha publicado. De por qué es importante, en Estados Unidos y en otras partes del mundo más allá de Cuba, para un número creciente de trabajadores que buscan maneras de resistir efectivamente y poner fin a los ataques intensificados de los dueños capitalistas de los medios de producción, y de su gobierno, contra la dignidad, los salarios, las condiciones de trabajo y los derechos del pueblo trabajador.

La respuesta más concisa a la pregunta de por qué publicamos libros como el que presentamos hoy es que en el mundo de hoy se necesita conocer el ejemplo vivo de los hombres y las mujeres que hicieron la Revolución Cubana, y que siguen haciéndola. Porque el pueblo trabajador en todas partes, tarde o temprano, se ve impulsado hacia la acción revolucionaria.

El historial exacto de la Revolución Cubana, relatado por los que la vivieron, explicando en sus propias palabras por qué actuaron así, es indispensable para la continuidad revolucionaria de la clase trabajadora. Forma parte de esa

1. En la p. 6 se identifican los individuos entre el público mencionados aquí.

DAWN DES BRISAY/ILWU LOCAL 40

ALEXANDER JOE/AFP/GETTY IMAGES

"Se necesita el ejemplo de la Revolución Cubana", dijo Mary-Alice Waters, "porque el pueblo trabajador en todas partes, tarde o temprano, se ve impulsado hacia la acción revolucionaria".

Arriba: Policía ataca a obreros portuarios durante protesta en el puerto de Longview, Washington, contra paro patronal e intento de destruir el sindicato, septiembre de 2011. En su batalla de ocho meses, hicieron retroceder a los patrones. **Abajo:** Obreros en mina de platino Lonmin, Sudáfrica, celebran triunfo de huelga de cinco semanas pese a brutales ataques policiacos que dejaron muertos a 34 mineros, septiembre de 2012.

continuidad, remontándose a la Revolución de Octubre de 1917 de los bolcheviques, a la Comuna de París de 1871 y al Manifiesto Comunista, que habló a nombre del proletariado y sus aliados en las masivas sublevaciones revolucionarias que estremecieron Europa en 1848–49.

Si la verdadera historia de la Revolución Cubana no está disponible, por escrito, para que otras personas puedan estudiar y conocerla, entonces las futuras generaciones pagarán un precio mucho más grande de lo necesario en las batallas venideras, cuyas escaramuzas iniciales ya se están librando. Es lo que está ocurriendo hoy día a medida que se desarrollan progresivamente las primeras etapas de la creciente crisis del capitalismo.

■

La introducción a *Las mujeres en Cuba: Haciendo una revolución dentro de la revolución* comienza con la afirmación de que "no es un libro sobre la mujer. O quizás sería más exacto decir que su punto de partida no es la mujer, ni podría serlo. Es un libro sobre la Revolución Cubana… sobre los millones de trabajadores y agricultores —hombres y mujeres, de todas las edades— que han hecho esa revolución socialista, y cómo se transformaron a través de sus acciones al luchar por transformar su mundo".

Una de las lecciones más revolucionarias en las páginas de este nuevo libro es la explicación que da Vilma Espín de que cuando estaba naciendo la FMC, los que ayudaron a dirigirla y las mujeres que participaron en ella no tenían ni "estructuras preconcebidas ni programas diseñados".

Las estructuras organizativas surgieron de los objetivos, y ante todo fueron producto de los hechos que llevaron al cumplimiento de esos objetivos. Las formas surgieron de la participación de más y más mujeres y hombres en la lucha que se profundizaba. Ante todo, las mujeres querían participar en una auténtica revolución. En el transcurso de sus esfuerzos, crearon un medio para lograr ese fin.

Al ir avanzando el trabajo sobre este libro, esa explicación de Vilma se fue concretizando más y más, y las palabras del Manifiesto Comunista cobraron vida. De que las perspectivas políticas de los comunistas "no se basan en modo alguno en ideas y principios inventados o descubiertos por tal o cual reformador del mundo. No son sino la expresión del conjunto de las condiciones reales de una lucha de clases existente, de un movimiento histórico que se está desarrollando ante nuestros ojos".[2]

La Federación fue producto de "una lucha de clases existente" y muy real. Encarnó la trayectoria proletaria de la dirección de esa lucha: ante todo de Fidel, pero no solo de Fidel.

■

"Cuando se produce una revolución profunda, la mujer, que ha estado oprimida por siglos, por milenios, quiere participar", dice Asela en la entrevista. ¡Sí, muy cierto! Pero ella luego agrega un comentario que me hizo reflexionar.

En aquellos días, dijo, "Había una efervescencia de cambio".

La Revolución Cubana se distingue de todas las anteriores revoluciones desde el inicio del movimiento obrero moderno —entre otras cosas— por el número de mujeres que llegaron a ocupar un papel central en su dirección día a día. Ese hecho es un indicio de los cambios sociales y económicos —cambios históricos— que se gestaban en

---

2. Carlos Marx y Federico Engels, *El Manifiesto Comunista* (Pathfinder, 1992, 2008), p. 48 [impresión de 2011].

Cuba y en otros países. El calibre de la dirección por sí solo no explica el papel que ocupan las mujeres en la lucha revolucionaria aquí en Cuba. Lenin —ni hablar de Marx y Engels— no era menos abanderado que Fidel de la participación de la mujer y de la emancipación de la mujer. Pero las condiciones objetivas le plantearon a la Revolución de Octubre un grupo de desafíos diferente. Los bolcheviques la dirigieron hacia la victoria en un momento diferente de la historia. Para volver a la expresión de Asela, la efervescencia de cambio en Cuba a principios de los años 50 tenía raíces en las convulsiones económicas y sociales de la segunda matanza interimperialista y las otras guerras que formaron parte de lo que conocemos como la Segunda Guerra Mundial.

Esto lo pude apreciar hace más de una década en una entrevista con el general Enrique Carreras que Pathfinder publica en *Haciendo historia*, una joya de libro que también incluye entrevistas perspicaces con los generales Néstor López Cuba, Harry Villegas y José Ramón Fernández.

En esa entrevista Carreras habla de algunas de las cosas que le impactaron cuando fue enviado a una base aérea del ejército norteamericano en San Antonio, Texas, en 1944 para entrenarse como piloto. "En la base de Kelly Field", dice, "vi que las mujeres se entrenaban como pilotos y artilleras de los bombarderos B-25, y trasladaban los aviones de una base de los Estados Unidos a Canadá y a veces hasta Inglaterra". Y Carreras agrega, "Nunca había visto en mi vida … las mujeres ocupando los puestos de los hombres, o entrenándose entre los hombres". Aquí en Cuba en aquel entonces, señaló, todavía había mucho machismo. "No queríamos que la mujer fuera a la bodega ni estuviera trabajando en la calle ni estuviera en el campo".[3]

---

3. *Haciendo historia: Entrevistas con cuatro generales de las Fuerzas*

Pero con la revolución, concluye Carreras, todo eso empezó a desarraigarse.

Yolanda lo expresa bien en estas páginas. "El concepto de lo femenino comenzó a cambiar el día que triunfó la revolución", dice. "Empezaban a perder terreno los prejuicios". No se acabaron del día a la noche, pero fueron perdiendo más y más espacio de manera sensible. Las mujeres aprendieron, y demostraron, que ellas —junto con hombres que eran revolucionarios— eran capaces de hacer cualquier cosa que fuera necesaria.

■

El nacimiento de la Federación y su carácter solo pueden entenderse como un frente dentro de la revolución. No como algo más allá de la revolución. No como un fenómeno paralelo a ella.

La lucha por la participación de la mujer en la Revolución Cubana no comenzó el primero de enero de 1959. Comenzó con los preparativos del propio asalto al Moncada y la insistencia de Fidel y Abel, así como de Haydée y Melba, de que las mujeres estarían entre los combatientes.[4] Los avances para la mujer continuaron en la lucha clandestina, no solo

Armadas Revolucionarias de Cuba (Pathfinder, 1998), p. 73 [impresión de 2010].

4. El 26 de julio de 1953, 160 revolucionarios bajo el mando de Fidel Castro lanzaron asaltos insurreccionales simultáneos contra el cuartel militar Moncada en Santiago de Cuba y el cuartel en Bayamo. Tras el fracaso de los ataques, las fuerzas de Batista torturaron y masacraron brutalmente a 56 revolucionarios capturados, entre ellos Abel Santamaría, el segundo al mando del grupo. Haydée Santamaría (hermana de Abel) y Melba Hernández fueron las dos mujeres combatientes. Después del asalto del 26 de julio Haydée y Melba fueron capturadas y estuvieron presas siete meses. Gracias a una amplia campaña nacional de amnistía se logró la excarcelación de los demás en mayo de 1955.

"La lucha por la participación de la mujer en la revolución comenzó con los preparativos para el asalto al cuartel Moncada en 1953 y la insistencia de Fidel Castro, y de otros, en que las mujeres estarían entre los combatientes", dijo Waters.

Arriba: Melba Hernández y Haydée Santamaría (tercera y cuarta de la izquierda) salen de prisión de mujeres de Guanajay, febrero de 1954, tras cumplir condena de siete meses por su participación en esa acción, que dio inicio a la lucha revolucionaria para derrocar a la dictadura de Batista.

en Santiago, como relatan Vilma y Asela en este libro, sino por todo el país, y en el Ejército Rebelde. Y eso es lo que este libro trae a la vida.

Carolina Aguilar una vez comentó en una conversación que la Federación nació con la formación del Pelotón Mariana Grajales. Es una imagen que llama la atención, una imagen que también se captó en las palabras de Fidel unos 30 años más tarde cuando dijo que la decisión de enviar los Regimientos Femeninos de Artillería Antiaérea a Angola en 1988 no fue una necesidad militar. Más bien —y cito a Fidel— fue "una necesidad moral, una necesidad revolucionaria".[5]

La trayectoria revolucionaria que condujo desde el Moncada hasta el Pelotón Mariana Grajales, la FMC y los Regimientos Femeninos de Artillería Antiaérea no ha flaqueado jamás, desde el 26 de julio de 1953 hasta el día de hoy.

La general Teté Puebla —en su libro *Marianas en combate*— cuenta la historia de cuando Fidel la nombró directora del Plan Ganadero Guaicanamar en Jaruco en 1969, para demostrar que la mujer podía dirigir igual que el hombre. Que una mujer era candidata para dirigir cualquier frente, llevar a cabo cualquier tarea de la revolución. Una de sus responsabilidades, dijo, fue la incorporación de mujeres campesinas al trabajo agropecuario.

Cuando Fidel la llevó a Jaruco, los hombres decían que no iban a trabajar con ella, explica Teté. "Será capitana, dijeron, pero conmigo no trabaja". Pero eso empezó a cambiar en apenas un mes, cuando ella fue demostrando que podía trabajar tan duro como cualquier hombre… y más duro que muchos de ellos.[6]

---

5. Citado en *Haciendo una revolución dentro de la revolución*, p. 36.

6. Ver Teté Puebla, *Marianas en combate: Teté Puebla y el Pelotón Femenino Mariana Grajales en la guerra revolucionaria cubana, 1956–58*

En Estados Unidos, con el ascenso del movimiento de la mujer a fines de los años 60 y principios de los 70 —parte de la amplia radicalización que fue una respuesta, ante todo, a la lucha de masas por los derechos del pueblo negro y en oposición a la guerra de los gobernantes norteamericanos contra el pueblo de Vietnam— había una camiseta muy popular que me gustaba ponerme en ocasiones apropiadas. Llevaba la consigna, "Una mujer tiene que hacer una tarea dos veces mejor que el hombre para que sea considerada buena a la mitad". Esa fue la misión que Fidel le asignó a Teté. Y ella la cumplió.

Para los que vivimos fuera de Cuba, y para aquellos de las generaciones más jóvenes en este país que no vivieron la Revolución Cubana desde adentro, los relatos de Carreras y de Teté no son "historias". Nos brindan la riqueza concreta y los detalles de las experiencias que nos permiten entender lo que realmente significó la revolución dentro de la revolución. Entender las batallas políticas que decidieron la vida o muerte de la revolución.

Es la única manera en que los que buscan emular el ejemplo de Cuba, ahora y en el futuro, podrán aprender de la historia de vuestros reveses así como de vuestras victorias.

■

Quiero finalizar destacando lo que para los revolucionarios es probablemente el aporte más importante que hace Asela en las páginas de *Haciendo una revolución dentro de la revolución*. Se trata de la claridad y nitidez con que

(Pathfinder, 2003), p. 75 [impresión de 2010]. El pelotón, constituido en septiembre de 1958, fue la primera unidad de combate en el Ejército Rebelde integrada por mujeres.

ella describe brevemente la revolución social, dirigida por el Ejército Rebelde, que se iba acelerando en la zona del Segundo Frente en los últimos meses de la guerra.

No es que ese aspecto de la revolución fuera desconocido antes. Y la creciente revolución social en enormes zonas de la provincia oriental de Cuba no se limitó al Segundo Frente, por supuesto. En *La victoria estratégica*, por ejemplo, Fidel dice unas palabras —demasiado pocas— sobre el naciente organismo del gobierno que se estableció en el cuartel general del Ejército Rebelde en La Plata en septiembre de 1958. La Administración Civil del Territorio Libre, dijo Fidel, "se dedicó al necesario manejo de la vida económica y social de la montaña rebelde, vasto territorio definitivamente liberado, cuya población carecía casi en lo absoluto de todo".

Fidel lo llama "la semilla del nuevo Estado que surgiría tras el triunfo revolucionario, fiel al espíritu democrático y popular de la Revolución".[7]

Pero Asela, al esbozar la "república en armas" establecida, bajo la direccion del Ejército Rebelde, por los campesinos y trabajadores en el territorio del Segundo Frente, la pinta con detalles más vivos que en cualquier otro libro que yo conozco que esté disponible fuera de Cuba. En su breve relato sobre las políticas aplicadas por ese poder revolucionario, bajo el mando de Raúl, vemos todo el rumbo

7. Fidel Castro, *La victoria estratégica: Por todos los caminos de la Sierra* (La Habana: Oficina de Publicaciones del Consejo de Estado, 2010), pp. 363–64. El libro es el primero de dos tomos de Fidel Castro, ambos publicados desde 2010, que relatan la derrota de la "ofensiva final" de la dictadura de Batista por parte del Ejército Rebelde durante el verano de 1958, y luego la contraofensiva de los revolucionarios para extender la lucha al resto de Cuba, culminando con la victoriosa huelga general y la insurrección popular del primero de enero. El segundo tomo se titula *La contraofensiva estratégica: De la Sierra Maestra a Santiago de Cuba*.

futuro de la revolución. En el espacio de unos pocos meses, incorporaron a más y más capas del pueblo trabajador para iniciar la reforma agraria, abrir más de 400 escuelas, organizar la primera campaña de alfabetización, crear clínicas y hospitales de campaña, construir caminos, imprimir materiales educativos, recaudar impuestos de los grandes productores, establecer la protección del pueblo trabajador bajo el imperio de la ley, y mucho más.

■

Para concluir, quiero referirme a las más de 100 fotos que ofrecen un resumen gráfico de los elementos más importantes de la historia que se cuenta en las páginas de *Haciendo una revolución dentro de la revolución*. En Pathfinder hemos aprendido con el tiempo que cuando se dedica trabajo a la preparación de estas páginas de fotos, es muy notable la diferencia, especialmente para los lectores nuevos —trabajadores, agricultores, jóvenes— para quienes todo esto es desconocido. Esa riqueza de fotos, y las citas y los pies de foto tomados de las propias entrevistas, le dan al nuevo lector un camino para adentrarse en el libro. Podríamos decir que es un pequeño, fiel y revolucionario "libro de fotos dentro del libro".

Recibimos mucha ayuda de un número muy amplio de compañeras y compañeros aquí, sin los cuales este elemento vital del libro habría sido imposible. Nos ayudaron a encontrar fotos, identificar a personas, confirmar fechas, sitios y otros detalles, obtener las mejores reproducciones posibles, y mucho más. Compañeros de *Bohemia* y de *Granma* y muchos individuos participaron en esto, pero expresamos un reconocimiento especial a la familia de Raúl Corrales, y a la Oficina de Asuntos Históricos del Consejo de Estado, particularmente a su director Eugenio

Suárez y Elsa Montero, organizadora del archivo de fotos. Tanto la Oficina de Asuntos Históricos como la familia Corrales autorizaron el uso gratuito de muchas fotos en esta edición. Y eso incluye la foto de la cubierta tomada por Raúl Corrales.

Nada puede captar más elocuentemente el impacto político de este libro que la impresionante imagen de la unidad miliciana de trabajadoras de grandes almacenes marchando junto a obreros de cervecería el Primero de Mayo de 1959: con orgullo, confianza, voluntad y disciplina (disciplina interna, disciplina interiorizada por la lucha y para la lucha) que se expresa en cada detalle de sus rostros y su porte.

Por todo esto, solo podemos decirles: Gracias.

'Sin dogmas ni esquemas ni jerga'

MARY-ALICE WATERS

> *Este fenómeno de las mujeres en la revolución*
> *es una revolución dentro de otra revolución.*
> *Si nos preguntaran qué es lo más revolucionario*
> *que está haciendo la revolución, responderíamos que*
> *es precisamente esto: ¡la revolución que está teniendo lugar*
> *en las mujeres de nuestro país!*
>
> **FIDEL CASTRO**
> 9 de diciembre de 1966

La verdadera igualdad entre el hombre y la mujer
solo puede convertirse en realidad cuando la explotación
de ambos por el capital haya sido abolida,
y el trabajo privado en el hogar
haya sido transformado en una industria pública.

FEDERICO ENGELS
5 de julio de 1885

Haciendo una revolución dentro de la revolución no es un libro sobre la mujer. O quizás sería más exacto decir que su

---

Introducción a *Las mujeres en Cuba: Haciendo una revolución dentro de la revolución.*

44

punto de partida no es la mujer, ni podría serlo. Es un libro sobre la Revolución Cubana. Trata sobre los millones de trabajadores y agricultores —hombres y mujeres, de todas las edades— que han hecho esa revolución socialista, y cómo se transformaron a través de sus acciones al luchar por transformar su mundo.

No tenían ni "estructuras preconcebidas ni programas diseñados", afirma aquí Vilma Espín. Solo contaban con el deseo de las mujeres de "participar en un proceso revolucionario que se planteaba transformar la situación de los explotados y discriminados y crear una sociedad mejor para todos". Y la dirección de la revolución respondió.

Espín fue una combatiente legendaria del Movimiento 26 de Julio en la clandestinidad de Santiago de Cuba y en el Segundo Frente del Ejército Rebelde durante la guerra revolucionaria y la masiva lucha popular de los años 50 que derrocaron a la sangrienta dictadura militar de Fulgencio Batista. Después del triunfo del primero de enero de 1959, ella llegó a ser la principal dirigente de la actividad revolucionaria que dio origen a la Federación de Mujeres Cubanas, y fue presidenta de la FMC hasta su fallecimiento en 2007.

La Revolución Cubana comenzó mucho antes de que las columnas del victorioso Ejército Rebelde entraran a Santiago de Cuba, Santa Clara y La Habana en los primeros días de enero de 1959, impelidas por insurrecciones populares y una huelga general de masas que se extendió por todo el país.

Comienza con la vanguardia de los hombres y mujeres que se unieron después del golpe militar de Batista del 10 de marzo de 1952, decididos a resistirlo a toda costa. Comienza con su rechazo incondicional de un sistema político caracterizado por décadas de corrupción endémica y subordinación a los dictados del coloso yanqui imperialista del norte. Comienza con la voluntad de entretejer los

**"Vilma fue una combatiente legendaria del Ejército Rebelde, y después del triunfo de enero de 1959 llegó a ser la principal dirigente de la Federación de Mujeres Cubanas",
dijo Waters.**

Arriba: Primera reunión de la dirección del Movimiento 26 de Julio en la Sierra Maestra, febrero de 1957. Entre los participantes estaban (de la izquierda): el expedicionario del *Granma* Ciro Redondo, Vilma Espín, Fidel Castro, Haydée Santamaría y Celia Sánchez. Espín y Sánchez, junto a Frank País, organizaron una red urbana de reclutamiento y avituallamiento para el Ejército Rebelde. **Abajo:** Fidel Castro, Celia Sánchez (centro) y Espín en la fundación de la FMC, agosto de 1960.

hilos de continuidad de la larga historia cubana de luchas por la soberanía nacional, la independencia y profundas reformas sociales.

La trayectoria de la revolución pasa por los asaltos del 26 de julio de 1953 al cuartel militar Moncada en Santiago de Cuba y al cuartel Carlos Manuel de Céspedes en Bayamo, dirigidos por Fidel Castro y Abel Santamaría, acciones que señalaron el inicio de la lucha revolucionaria. Pasa por los años de organización paciente de una amplia campaña de masas por la amnistía de los combatientes del Moncada y otros presos políticos. Abarca la labor a nivel nacional para difundir el programa popular revolucionario presentado por Fidel Castro en *La historia me absolverá*, su alegato judicial en defensa de los moncadistas, que se convirtió en el fundamento del Movimiento 26 de Julio.

El cauce de la revolución pasa por la expedición del *Granma*, que dio inicio a la guerra revolucionaria a fines de 1956. Pasa por las acciones del bisoño Ejército Rebelde, que iba consolidando apoyo entre los campesinos y trabajadores de la Sierra Maestra y otras partes de Cuba oriental en 1957 y 1958. Por su accionar al empezar a dirigirlos en la práctica hacia las nuevas relaciones económicas y sociales que el pueblo trabajador pronto crearía a nivel nacional.

El hilo conductor de esa historia —que se conoce ampliamente en Cuba y otros países— recorre este libro. Lo que se desprende de estas páginas con una nueva agudeza y claridad es algo menos conocido. Es un cuadro de la *revolución social* que el Ejército Rebelde dirigió en las sierras durante los dos años de la guerra revolucionaria, y cómo esa revolución preparó y educó a los que se vieron influidos por ella.

En los relatos de primera mano que nos brindan Asela de los Santos y Vilma Espín, vemos la interacción entre los combatientes del Ejército Rebelde y los explotados campesi-

"En los relatos de primera mano de Asela de los Santos y Vilma Espín", dijo Mary-Alice Waters, **"vemos la interacción entre los combatientes del Ejército Rebelde y los explotados campesinos y trabajadores agrícolas sin tierra en esa región. Vemos las maneras en que se transforman entre sí y juntos llegan a ser una fuerza revolucionaria más fuerte y consciente".**

Arriba: Hospital de campaña cerca de la comandancia de Fidel Castro del Ejército Rebelde en La Plata, Sierra Maestra, fines de 1958. Los pacientes incluían a combatientes del Ejército Rebelde, campesinos, trabajadores y soldados enemigos capturados. Todos eran atendidos en orden de llegada.

nos y trabajadores agrícolas sin tierra en esa región. Vemos las maneras en que se transforman entre sí y juntos llegan a ser una fuerza revolucionaria más fuerte y consciente.

A través de estos relatos, observamos la creciente confianza que el Ejército Rebelde se gana entre los pobres del campo, quienes por primera vez son tratados con respeto y dignidad. Vemos cómo el incipiente ejército proletario responde a esa aceptación y desarrolla cada vez más confianza, claridad y conciencia de clase al luchar juntos para ampliar la enseñanza y la atención médica y cumplir otros sueños muy abrigados por el pueblo trabajador, aún en medio de una guerra. Y vemos la creciente participación de las mujeres, tanto en las filas como en la dirección.

El Ejército Rebelde derrotó en agosto de 1958, después de tres meses de combates, lo que el régimen de Batista había ilusamente denominado una operación para "arrinconar y aniquilar". Esta victoria abrió paso a su contraofensiva estratégica, la cual culminó con la desbandada y el derrumbe de la tiranía unos meses más tarde. La reciente publicación en dos tomos del recuento de Fidel Castro sobre las acciones del Ejército Rebelde desde mayo hasta diciembre de 1958 —*La victoria estratégica* y *La contraofensiva estratégica*— hace más asequible que nunca una comprensión de esos meses decisivos de la guerra revolucionaria.[1]

Al retirarse las tropas abatidas de Batista de grandes extensiones de las regiones montañosas de la provincia de Oriente —que se extendían al norte y al este de Santiago hacia Guantánamo, Baracoa y más allá— las fuerzas revolucionarias ganaron el tiempo y el espacio necesario para consolidar lo que se conocía como el Segundo Frente Oriental Frank País. Los mortíferos bombardeos y ametrallamientos por parte de la fuerza aérea batistiana continuaron en toda

---

1. Ver la nota en la p. 41.

esa región, la cual estaba bajo el control de las fuerzas del Ejército Rebelde comandadas por Raúl Castro. Pero en esos últimos meses de la guerra revolucionaria, los soldados de infantería del enemigo, mayormente desmoralizados, ya salían menos y menos de los cuarteles.

Con un amplio apoyo popular, el naciente gobierno en armas del Ejército Rebelde fue desplazando las estructuras desintegradas del régimen capitalista en la región y organizó al pueblo trabajador para que fuera tomando control del cuidado médico, la educación, la justicia, la agricultura, la construcción y la recaudación de impuestos, al tiempo que establecieron su propia estación de radio y otras formas de diseminar noticias y orientaciones. Los trabajadores y campesinos en el territorio del Segundo Frente empezaron a poner en práctica el programa delineado en *La historia me absolverá*.

Se convirtió prácticamente en "una república", según afirma Vilma Espín en el libro. Una república dotada de un nuevo carácter de clase.

El Ejército Rebelde organizó un congreso de campesinos en armas en septiembre de 1958. La reforma agraria se codificó por decreto militar en los territorios liberados, y se entregaron títulos a los que trabajaban la tierra.

Se abrieron más de 400 escuelas primarias, organizadas por el departamento de educación del Ejército Rebelde encabezado por Asela de los Santos. Llenas de entusiasmo, familias campesinas realizaron un censo infantil, buscaron locales adecuados para las aulas, hallaron libros y armaron escritorios y bancas. Los mismos locales servían a menudo para los combatientes que estudiaban en clases nocturnas.

Se crearon clínicas y hospitales de campaña que atendían tanto a los combatientes como a los pobladores y a los soldados enemigos heridos. Era la primera vez en su vida que la mayoría de los campesinos habían recibido atención médica.

Con la participación de todos, se repararon caminos y se abrieron nuevas carreteras. Se recolectaron impuestos de los dueños de los centrales azucareros, las compañías mineras y las haciendas cafetaleras. Los trabajadores sabían exactamente cuánto se había producido y vendido. Se resolvieron disputas y se oficiaron matrimonios. Se fue organizando una revolución popular, una revolución proletaria incipiente, en las montañas orientales, a medida que los trabajadores y campesinos se movilizaron para empezar a transformar las relaciones sociales. Esta revolución se propagó por toda Cuba con el triunfo el primero de enero de 1959.

■

"Cuando se produce una revolución profunda, la mujer, que ha estado oprimida por siglos, por milenios, quiere participar", nos recuerda Asela de los Santos en estas páginas. La creciente participación de las mujeres fue parte íntegra de este estremecimiento revolucionario. Forjada al fragor de las movilizaciones populares en los primeros meses de 1959, lo que llegó a ser la Federación de Mujeres Cubanas surgió de la decisión resuelta de las mujeres de participar en la revolución, y no al revés. Según lo describe Vilma, las mujeres insistieron en organizarse, y en ser organizadas, para integrarse a las tareas más apremiantes de la revolución. A través de ese proceso forjaron una organización que les permitiría hacer precisamente eso.

Muchos años después, una periodista del diario cubano *Granma* le preguntó a Vilma Espín si ella había anticipado todo esto cuando estaba combatiendo en las sierras orientales de Cuba. ¿Se había imaginado que estaría tan implicada e identificada con el proceso de hacer —según lo expresara Fidel Castro— una revolución dentro de la revolución? La respuesta espontánea de Espín fue:

> ¡Ni remotamente! No se me había ocurrido ni siquiera remotamente que debería existir una organización femenina. No lo pensé siquiera. Yo me incorporé a la lucha en un grupo, donde había muchachas y muchachos, y no se me ocurrió pensar en que con las mujeres tendríamos que hacer un trabajo especial...
> Cuando me plantearon lo de crear una organización femenina, para mí fue una sorpresa... Al poco tiempo de creada la organización, me di cuenta que sí, que era imprescindible... era una fuerza enorme, muy revolucionaria.[2]

La segunda parte de *Haciendo una revolución dentro de la revolución* nos permite ver cómo "Nace la Federación de Mujeres Cubanas" a través de las entrevistas con Vilma Espín y Yolanda Ferrer.

Lo que más llama la atención del lector en el relato de Espín es la ausencia de dogmas y esquemas, la ausencia de jerga política densa. Había una sola guía: abrir paso a la incorporación de las capas más amplias de mujeres —con organización, eficacia y disciplina— en las luchas que se desarrollaban y en la construcción de un nuevo orden social.

Al principio estuvo el acto. Los dirigentes eran los que dirigían.

"Aprender por la mañana y enseñar por la tarde" llegó a

---

2. Entrevista concedida a Mirta Rodríguez Calderón, agosto de 1985, en *La mujer en Cuba* (La Habana: Editora Política, 1990), pp. 79–81.

ser una popular consigna revolucionaria y una realidad. En muchos casos significaba hacerlo bajo el fuego — literalmente— cuando Washington hacía fallidos intentos, una y otra vez, de organizar y armar a cuadros contrarrevolucionarios. Al igual que en los demás frentes de la revolución que iba avanzando, la forma siguió al contenido, y las estructuras organizativas se fueron codificando en tanto lo permitían las condiciones de lucha.

No hay nada que capte mejor este fenómeno que la imagen de la escuela para muchachas del campo, donde se capacitaban para trabajar en círculos infantiles, cuando fue ametrallada y bombardeada por aviones provenientes de Estados Unidos en abril de 1961, unos días antes de la invasión organizada por Washington por Playa Girón. "Nadie quiso volver para su casa", señala Espín. "Todas se mantuvieron allí".

"Cuando yo hablo de la creación de la Federación", dice Espín,

> siempre recalco el hecho de que en aquel momento nosotros no hablábamos ni de liberación de la mujer, ni de la emancipación de la mujer, ni de la lucha por la igualdad. Nosotros ni usábamos esos términos en aquel momento. De lo que sí hablábamos era de la participación. Las mujeres querían participar...
>
> A diario se daban pruebas reales de que la revolución ya no era una de esas historias o de esos cuentos que habían contado los politiqueros hasta aquel momento. Esta revolución sí era cierta, y las mujeres querían participar y hacer algo. En la medida en que las leyes revolucionarias hacían más fuerte esa convicción, más las mujeres demandaban, y más ganaban en conciencia de la necesidad de su contribución.

Cuba en los años 50 era uno de los países más desarrollados económicamente de América Latina; no era de los más pobres. Aun así, en 1953 solo el 13.5 por ciento de las mujeres trabajaban fuera de sus casas, muchas sin remuneración. Ya para 1981, apenas 20 años después del triunfo de la revolución, esa cifra había subido al 44.5 por ciento, y para 2008 había alcanzado el 59 por ciento.

En 1953, de las mujeres que formaban parte de la fuerza laboral "por o sin paga", la categoría más grande —un total de más de 70 mil— eran sirvientas domésticas, de las cuales una gran proporción eran negras. Esto representaba casi el 30 por ciento de todas las mujeres que tenían empleos. Algunas trabajaban por salarios de apenas 20 centavos al día, o solo a cambio de techo y comida, lo cual podría significar un tapete para dormir y las sobras de los platos de sus patrones.

La dinámica social de los primeros años de la revolución se capta de manera impresionante en las escuelas nocturnas para antiguas domésticas, organizadas por la FMC. Estas mujeres habían quedado abandonadas sin forma de ganarse el sustento cuando sus acaudalados patrones se marcharon del país. Se recapacitaron para toda una gama de oficios —desde choferes de taxi y mecánicas de auto hasta empleadas bancarias, secretarias, trabajadoras de círculos infantiles y avicultoras— y empezaron nuevas vidas, con confianza y orgullo.

La misma dinámica fue esencial en una de las campañas más extensas de la FMC en los primeros años de la revolución: la creación de la Escuela Ana Betancourt para jóvenes campesinas. Entre 1961 y 1963 unas 21 mil jóvenes llegaron a La Habana, con el consentimiento de sus padres, para participar en un curso intensivo de seis meses en el cual se alfabetizaron, aprendieron corte y costura y adquirieron los fundamentos de la higiene y la nutrición.

Algunas también se capacitaron en habilidades básicas de trabajo de oficina.

Una de las acusaciones contra la Revolución Cubana que han hecho sus opositores en otros países —a menudo, mujeres que provinieron de algunas de las organizaciones feministas de los años 60 y 70— es que la FMC, al enseñarles a las mujeres a confeccionar ropa para sus familias y para sí mismas, reforzó los estereotipos tradicionales de la mujer. Apuntaló la opresión de la mujer en vez de promover su liberación, según alegan. En la entrevista de *Granma* citada antes, le preguntaron a Espín si todavía pensaba que habían hecho lo correcto.

"Pienso que sí", fue su respuesta inmediata, "porque en aquellos momentos eso fue lo que nos permitió sacar a las mujeres de sus casas. Y lo que hizo que las muchachas de zonas del Escambray o de Baracoa, donde la contrarrevolución estaba trabajando intensamente con las familias campesinas, vinieran a la capital, supieran qué cosa era la revolución y se convirtieran... en los primeros cuadros de la revolución en aquellas zonas.

"Y eso fue importante, no solo para luchar contra la contrarevolución, sino en aras de la formación de las mujeres como cuadros... Lo que hicimos fue partir de lo que la mujer era, para elevarla a otros niveles".

La revolución que se obró en la condición social, económica y política de la mujer no fue un fenómeno *paralelo* al avance revolucionario del pueblo trabajador de Cuba. *Se enmarcó* en ese avance.

■

Al hablar en una reunión de dirección de la Federación de Mujeres Cubanas en diciembre de 1966, el primer ministro cubano Fidel Castro subrayó los prejuicios contra la mujer que predominaban en la Cuba prerrevolucionaria, al igual que en toda la sociedad de clases a nivel mundial. Son "prejuicios que tienen, no voy a decir años, ni siglos, sino prejuicios que tienen milenios", dijo.

El prejuicio de considerar que las mujeres solo eran aptas para fregar, lavar, planchar, cocinar, limpiar la casa y tener hijos. El prejuicio milenario que situaba a la mujer, dentro de la sociedad, en un estrato inferior; prácticamente no se puede decir ni siquiera en un modo de producción.

En el capitalismo, agregó, la gran mayoría de las mujeres son "doblemente explotadas o doblemente humilladas".

Una mujer pobre, como perteneciente a la clase trabajadora o familia de trabajadores, era explotada simplemente por su condición humilde, por su condición de trabajadora. Pero, además, dentro de la propia clase y dentro de su propia situación de mujer trabajadora, era a su vez subestimada, explotada y menospreciada por las clases explotadoras. Pero es que dentro de su propia clase la mujer era vista a través de un sinnúmero de prejuicios...

Hay dos sectores del país, dos sectores de la sociedad que, aparte de las razones económicas, han tenido otras razones para ver con simpatía y con entusiasmo la revolución. Esos dos sectores son la población negra del país y las mujeres del país.

La claridad política y el liderazgo firme que Fidel Castro, el dirigente central de la Revolución Cubana por más de medio siglo, ha brindado a la lucha por la igualdad de la mujer es una de las medidas más justas del carácter proletario de esa revolución y del calibre de su dirección. Así ha sido desde los primeros días de la lucha contra la dictadura de Batista. Esa misma claridad y firmeza ha sido garantía de una alianza revolucionaria de los trabajadores y agricultores en Cuba a lo largo de esas décadas.

En cada etapa de la lucha participaron mujeres en la vanguardia y su dirección. Mujeres como Haydée Santamaría y Melba Hernández, que se sumaron al asalto al cuartel Moncada en Santiago de Cuba el 26 de julio de 1953. Mujeres como Celia Sánchez, principal organizadora del Movimiento 26 de Julio en Manzanillo, la primera mujer en incorporarse al Ejército Rebelde como combatiente, y miembro de su estado mayor. Mujeres como Vilma Espín, cuya historia usted leerá en las páginas a continuación.

La Revolución Cubana se distingue de todas las anteriores en la historia del movimiento obrero moderno, entre otras cosas, por el número de mujeres que ocuparon un papel central, día a día, en su dirección.

Por otra parte, la rapidez de los avances económicos y sociales que la mujer cubana ha logrado en el espacio de los 30 años entre 1960 y 1990 —avances que pueden medirse en términos de educación, empleo, tasas de mortalidad infantil y materna, así como otros índices— le permitieron conquistar un grado de igualdad que a las mujeres en Estados Unidos y otros países capitalistas industrializados les tomó más de un siglo y medio.

Pero nada de esto fue automático o inevitable.

"Cuando se juzgue a nuestra revolución en los años futuros", dijo Fidel Castro en el segundo congreso de la FMC en 1974, "una de las cuestiones por las cuales nos juzgarán será la forma en que hayamos resuelto en nuestra sociedad y en nuestra patria los problemas de la mujer".

Sin la perspectiva clara trazada por Fidel así como

otros dirigentes centrales —entre ellos Abel Santamaría, Frank País y Raúl Castro, quienes el lector llegará a conocer mejor en las páginas de este libro— el historial de la lucha revolucionaria cubana habría sido mucho menos ejemplar. Espín destaca, por ejemplo, el liderazgo de Frank País, observando que él "tenía una concepción de la mujer que posibilitó que la mujer pudiera trabajar exactamente igual que los hombres en el Movimiento 26 de Julio" en Santiago de Cuba.

La voluntad política de Fidel Castro de impugnar los prejuicios antimujer que tenían algunos de los mejores cuadros del movimiento se demostró en la lucha que él libró en 1958 para organizar el Pelotón Femenino Mariana Grajales del Ejército Rebelde: lo que Espín señala como "un momento extraordinario en la historia de la participación femenina en la revolución".

"Algunos de nuestros compañeros eran todavía muy machistas", dijo Fidel en un encuentro en junio de 1988 para despedir una batería del Primer Regimiento Femenino de Artillería Antiaérea de Guantánamo que partía para Angola el día siguiente. Las mujeres se habían ofrecido como voluntarias para cumplir una misión internacionalista defendiendo pistas aéreas recién construidas en el sur de Angola contra ataques de la fuerza aérea del régimen sudafricano del apartheid. A ese encuentro también se había invitado a embajadores de países africanos acreditados en Cuba. Fidel dijo:

Algunos… dijeron, "¿Cómo les van a dar esos fusiles a esas mujeres mientras nosotros estamos desarmados?"
A mí me daba realmente rabia aquella reacción.
Y le dije a uno de ellos, "Te voy a explicar por qué les vamos a dar estos fusiles a estas mujeres: porque

son mejores soldados que tú". No les argumenté más nada.

Vivíamos en una sociedad de clases, una sociedad donde tenía que producirse una revolución, una sociedad donde las mujeres estaban siendo discriminadas y debían ser liberadas, una revolución en que las mujeres debían mostrar su capacidad y sus méritos.

¿Cuál era el objetivo estratégico de aquella idea? planteó Fidel.

Primero... creíamos en la capacidad de las mujeres, en la valentía de las mujeres, en su capacidad de luchar; y segundo... sabíamos también que aquel precedente tendría una enorme importancia en un futuro, cuando llegara el momento de plantear los problemas de la igualdad en nuestra sociedad.[3]

El historial de combate del Pelotón Femenino Mariana Grajales resultó ser uno de los más sobresalientes en la guerra revolucionaria. Y el precedente que sentó nunca se perdió.

Al dirigirse a los invitados del cuerpo diplomático que asistían a la despedida del regimiento antiaéreo femenino, Fidel Castro bromeó diciendo, "Quizás puedan preguntarse nuestros invitados esta noche si es necesario que vaya una batería de mujeres para el sur de Angola, si... ya no hay más cubanos que mandar allá y tenemos que acudir a las

3. Discurso pronunciado en un encuentro con miembros del Primer Regimiento Femenino de Artillería Antiaérea de Guantánamo, 24 de junio de 1988, en *Mujeres y Revolución* (La Habana: Editorial de la Mujer, 2006, 2010), pp. 216–17.

mujeres cubanas para cumplir esa misión internacionalista. En realidad no es así".

La movilización de la batería femenina de artillería antiaérea a Angola "no es una necesidad militar", les dijo Fidel. "Es una necesidad moral, es una necesidad revolucionaria".

Lo que descubrirá el lector en estas páginas es la trayectoria consecuente de la dirección revolucionaria de Cuba respecto a la lucha por la igualdad de la mujer durante más de medio siglo. Y una continuidad que se remonta a Carlos Marx y Federico Engels, fundadores del movimiento obrero moderno.

■

Las tres autoras de este libro, quienes se conocieron y trabajaron juntas a lo largo de unas cinco décadas, reflejan dos generaciones distintas en la dirección de la "revolución dentro de la revolución".

Espín y De los Santos fueron amigas de por vida y compañeras de combate desde sus primeros días de estudiantes en la Universidad de Oriente en Santiago de Cuba. Después del golpe militar del 10 de marzo de 1952, que llevó a Batista al poder, fueron de los primeros en incorporarse a la lucha contra esta dictadura, más y más brutal, que gozaba del apoyo de Washington. Trabajaron hombro con hombro en la clandestinidad de Santiago y en el Segundo Frente Oriental del Ejército Rebelde. Después del triunfo de 1959, De los Santos participó junto a Espín, de 1960 a 1966, en la dirección de la recién formada Federación de Mujeres Cubanas; fue su primera secretaria general.

Yolanda Ferrer, actual secretaria general de la Federación de Mujeres Cubanas, narra la historia de los tremendos avances que lograron las mujeres en los primeros años de la revolución desde otra óptica. Ella formó parte de una nueva generación, demasiado joven para haber participado en la lucha contra la dictadura, que se lanzó de lleno a las grandes batallas sociales que impelieron a la revolución. Esas jóvenes, apenas adolescentes, se integraron a las primeras milicias y ayudaron a forjar la organización de jóvenes comunistas.

Fueron la columna vertebral de la histórica campaña nacional que en 1961, en una movilización de un solo año, eliminó el analfabetismo entre la población adulta, el 23 por ciento de la cual, en su mayoría mujeres, no había tenido antes la oportunidad de aprender a leer y escribir.

Fue la unión entrelazada de estas dos generaciones en las tareas de la revolución lo que aseguró la energía y disciplina de las campañas que definieron el carácter de la FMC en su inicio. A través de los relatos de las tres autoras podemos constatar —de primera mano— el impacto de las luchas revolucionarias que las transformaron a ellas y a millones de otras mujeres cubanas en la lucha por edificar una sociedad en la cual, según lo expresara Federico Engels hace más de 125 años, haya sido abolida la explotación por parte del capital y "la verdadera igualdad entre el hombre y la mujer pueda convertirse en realidad". Si es que la lucha continúa.

■

Haciendo una revolución dentro de la revolución no habría sido posible sin la extensa colaboración ofrecida por la dirección de la Federación de Mujeres Cubanas a través de varios años, incluida la ayuda de sus cuadros en ciudades desde La Habana hasta Santiago de Cuba y Holguín.

Corresponde un agradecimiento especial a Yolanda Ferrer, secretaria general de la FMC, y a Asela de los Santos por las muchas horas que dedicaron leyendo borradores, corrigiendo errores y explicando aspectos de la historia de la Revolución Cubana que, de otra manera, habrían quedado sin esclarecer.

Carolina Aguilar, cuadro fundadora y dirigente por mucho tiempo de la FMC, e Isabel Moya, directora de la Editorial de la Mujer, la casa editorial de la FMC, ofrecieron su tiempo, sugerencias, colaboración y aliento a cada paso, peinando los archivos en busca de fotos, documentos y publicaciones agotadas desde hace años.

Iraida Aguirrechu, encargada de política actual en la Editora Política, la casa editorial del Comité Central del Partido Comunista de Cuba, brindó su irrestricto apoyo, ayuda y pericia editorial, como siempre.

La Oficina de Asuntos Históricos del Consejo de Estado, a través de su director, Eugenio Suárez, y Elsa Montero, organizadora de su archivo de fotos (y además mensajera del Ejército Rebelde a los 14 años y combatiente del Tercer Frente bajo el mando de Juan Almeida) ofreció una ayuda valiosísima al brindar numerosas imágenes históricas reproducidas en este libro y al identificar a individuos, sitios, fechas y circunstancias de muchas otras fotos.

Los directores de los archivos fotográficos de *Bohemia* y *Granma*, Magaly Miranda Martínez y Alejandro Debén, fueron generosos con su tiempo al ayudar a buscar muchas otras fotos que captan momentos y sucesos específicos en la historia de la revolución.

Por último, pero no menos importante, expresamos nuestro reconocimiento a la familia del fotógrafo Raúl Corrales por permitir la reproducción —gratuita para esta edición— no solo de tres fotos que aparecen en este libro, sino de la foto evocativa de una unidad de milicias obreras que figura en la portada.

Las empleadas de una tienda por departamentos con

sus armas y sus vestidos blancos de trabajo —marchando hombro con hombro con sus compañeros de una cervecería el Primero de Mayo de 1959: cada cual dispuesto o dispuesta a dar la vida para defender su revolución— capta una imagen indeleble de la vanguardia de la clase trabajadora cubana en ese momento decisivo de la lucha de clases. Lo hace con una perspicacia que pocos fotógrafos pudieron lograr como lo logró Raúl Corrales.

El oficio de vendedora en tiendas por departamentos era uno de los pocos que se consideraba apropiado para una mujer cubana en la década de 1950. Y tenían muy buenas razones para estar armadas. Dos de las acciones más destructivas de la contrarrevolución fueron las bombas incendiarias que se colocaron en dos famosas tiendas por departamentos en el centro de La Habana: El Encanto y La Época. Una miliciana —como las que se ven en la portada de este libro— que estaba de guardia en El Encanto murió cuando volvió a entrar a la tienda, en medio de las llamas, para tratar de recuperar los fondos que los trabajadores habían recaudado a fin de construir un círculo infantil allí. Solamente en los años 1960 y 1961, nueve tiendas por departamentos en La Habana fueron objeto de estos ataques.

Se dedica *Haciendo una revolución dentro de la revolución* a las nuevas generaciones de mujeres y hombres, tanto en Cuba como a nivel mundial, para quienes una historia exacta de la Revolución Cubana —y de cómo se hizo— es y será un arma indispensable en las tumultuosas batallas de clases cuyas escaramuzas iniciales ya estamos viviendo.

enero de 2012

Las mujeres en Cuba
Haciendo una revolución dentro de la revolución

Desde Santiago de Cuba y el Ejército Rebelde a la creación de la Federación de Mujeres Cubanas

Vilma Espín
Asela de los Santos
Yolanda Ferrer

"Creíamos en la valentía de las mujeres y su capacidad de luchar. Sabíamos que el precedente del Pelotón Femenino Mariana Grajales tendría una enorme importancia en el futuro".

—Fidel Castro

A LA BATERÍA FEMENINA DE ARTILLERÍA ANTI-AÉREA QUE SALÍA RUMBO A ANGOLA, 1988

Las mujeres en Cuba
Haciendo una revolución dentro de la revolución
VILMA ESPÍN, ASELA DE LOS SANTOS, YOLANDA FERRER

Cuando el pueblo trabajador luchaba en los años 50 para derrocar a una sangrienta tiranía en Cuba, la integración de la mujer a las filas y a la dirección de estas batallas no fue una aberración. Fue parte íntegra de la trayectoria proletaria de la dirección de la Revolución Cubana desde el principio. Esta es la historia de esa revolución y cómo transformó a las mujeres y a los hombres que la hicieron. US$20. También en inglés.

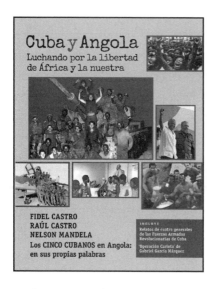

"Quien no esté dispuesto a luchar por la libertad de otros no será nunca capaz de luchar por la suya".

—Fidel Castro
JULIO DE 1976

Cuba y Angola

Luchando por la libertad de África y la nuestra

FIDEL CASTRO, RAÚL CASTRO, NELSON MANDELA

ADEMÁS: LOS CINCO CUBANOS EN ANGOLA
EN SUS PROPIAS PALABRAS

TAMBIÉN INCLUYE: RELATOS DE CUATRO GENERALES DE
LAS FUERZAS ARMADAS REVOLUCIONARIAS DE CUBA
Y "OPERACIÓN CARLOTA" DE GABRIEL GARCÍA MÁRQUEZ

Entre 1975 y 1991 unos 375 mil voluntarios cubanos lucharon junto a combatientes angolanos y namibios, defendiendo a Angola, recién independizada, de las múltiples invasiones del régimen sudafricano del apartheid.

En estas páginas, dirigentes y partícipes recuentan la historia de este hito en la lucha africana por la libertad y cómo fortaleció también a la Revolución Cubana.

Entre los que explican cómo estas experiencias los transformaron están tres de los cinco revolucionarios cubanos que actualmente cumplen sentencias draconianas en prisiones de Estados Unidos bajo cargos de "conspiración" y otras acusaciones amañadas.

US$12. También en inglés.

Fidel Castro sobre la victoria revolucionaria en Cuba

LA VICTORIA ESTRATÉGICA
Por todos los caminos de la Sierra

El relato de primera mano de Fidel
Castro sobre 74 días de batalla en
el verano de 1958, cuando 300
combatientes revolucionarios —con
el apoyo de trabajadores y agricultores
por toda Cuba— derrotaron la "ofensiva
para arrinconar y aniquilar" de 10 mil
tropas de la dictadura de Batista. Incluye
mapas, fotos, documentos históricos,
glosario ilustrado de armamentos.
855 páginas. US$35

Por todos los caminos de la Sierra
**LA VICTORIA
ESTRATÉGICA**
Fidel Castro Ruz

LA CONTRAOFENSIVA ESTRATÉGICA
De la Sierra Maestra a Santiago de Cuba

Crónica diaria de Fidel Castro de
los últimos meses de la guerra
revolucionaria a finales de 1958.
Relata cómo combatientes obreros
y campesinos, después de derrotar a
un ejército 30 veces más grande que
el suyo, lanzaron una contraofensiva
de 147 días para extender la lucha
revolucionaria por toda Cuba, y
tomaron el poder el 1 de enero de 1959.
Incluye comunicados, cartas, mapas y
fotos. 593 páginas. US$25

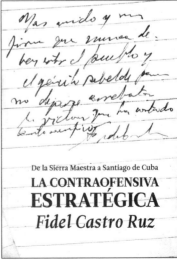

De la Sierra Maestra a Santiago de Cuba
**LA CONTRAOFENSIVA
ESTRATÉGICA**
Fidel Castro Ruz

US$50 por los dos tomos.
Publicados por el Consejo de Estado de Cuba.

La Revolución Cubana y la

Marianas en combate

TETÉ PUEBLA Y EL PELOTÓN FEMENINO MARIANA GRAJALES EN LA GUERRA REVOLUCIONARIA CUBANA 1956–58

Teté Puebla

La general de brigada Teté Puebla, la mujer de más alto grado en las Fuerzas Armadas Revolucionarias de Cuba, se integró en 1956, a los 15 años, a la lucha para derrocar a la dictadura apoyada por Washington de Fulgencio Batista. Esta es su historia: desde su actividad clandestina en las ciudades, hasta el papel que ocupó como oficial en el primer pelotón femenino del victorioso Ejército Rebelde. Por casi 50 años, la lucha para transformar la condición social y económica de la mujer ha sido inseparable de la revolución socialista en Cuba. US$14. También en inglés.

Soldado de la Revolución Cubana

DE LOS CAÑAVERALES DE ORIENTE
A GENERAL DE LAS FUERZAS ARMADAS REVOLUCIONARIAS

Luis Alfonso Zayas

El autor narra sus experiencias durante cinco décadas de revolución. Desde sus años de combatiente adolescente en la lucha clandestina y la guerra en 1956–58 que tumbó a la dictadura apoyada por Washington, hasta las tres misiones en que fue dirigente de las fuerzas voluntarias cubanas que ayudaron a Angola a derrotar una invasión del ejército de la Sudáfrica supremacista blanca, Zayas relata cómo hombres y mujeres sencillos en Cuba transformaron el curso de la historia y así se transformaron a sí mismos. US$18. También en inglés.

Haciendo historia

ENTREVISTAS CON CUATRO GENERALES DE LAS FUERZAS ARMADAS REVOLUCIONARIAS DE CUBA

A través de las historias de cuatro generales cubanos —tres de ellos dirigentes de las fuerzas cubanas en Playa Girón que derrotaron a los invasores en menos de 72 horas— vemos la dinámica de clases que ha definido toda nuestra época. Y podemos comprender cómo el pueblo de Cuba, al luchar por construir una nueva sociedad, ha mantenido a raya a Washington por más de 50 años. US$17. También en inglés.

www.pathfinderpress.com

política mundial

Los Cinco Cubanos

QUIÉNES SON, POR QUÉ LES FABRICARON UN CASO,
POR QUÉ DEBEN SER LIBERADOS

Martín Koppel, Mary-Alice Waters

Encarcelados en Estados Unidos desde 1998, cinco revolucionarios cubanos fueron acusados falsamente de integrar una "red cubana de espionaje" en Florida. Gerardo Hernández, Ramón Labañino, Antonio Guerrero, Fernando González y René González estaban informando al gobierno cubano sobre grupos con una larga historia de ataques armados contra Cuba desde territorio estadounidense. Selección de artículos del *Militante* que explican el caso amañado y la campaña internacional por la libertad de los cinco. Segunda edición. US$5. También en inglés.

Cuba y la revolución norteamericana que viene

Jack Barnes

Es un libro sobre las luchas del pueblo trabajador en el corazón del imperialismo, sobre los jóvenes que se ven atraídos a ellas y sobre el ejemplo que ofrece el pueblo cubano de que una revolución no solo es necesaria: se puede hacer. Trata de la lucha de clases en Estados Unidos, donde hoy día las fuerzas gobernantes descartan las capacidades revolucionarias de los trabajadores y agricultores tan rotundamente como descartaron las del pueblo trabajador cubano. Y de forma igualmente errada. Con prólogo de Mary-Alice Waters. US$10. También en inglés y francés.

Che Guevara habla a la juventud

Este dirigente revolucionario nacido en Argentina desafía a los jóvenes de Cuba y del mundo a que estudien, trabajen y se vuelvan disciplinados. A que se sumen a las filas delanteras de las luchas, tanto grandes como pequeñas. A que se politicen y que politicen el trabajo de sus organizaciones. A que se conviertan en un tipo de ser humano diferente, a medida que se dedican, junto a trabajadores en todas partes del mundo, a transformar el mundo. Ocho charlas entre 1959 y 1964. US$15. También en inglés.

EN NUEVA INTERNACIONAL NO. 6

Ha comenzado el invierno largo y caliente del capitalismo

JACK BARNES

La actual crisis capitalista global que se va acelerando —las primeras etapas de lo que serán décadas de convulsiones económicas, financieras y sociales y batallas de clases— acompaña la continuación del cambio de mayor alcance en la política y organización militar de Washington desde los años de sus preparativos para la Segunda Guerra Mundial. Los trabajadores de disposición de lucha de clases debemos encarar esta histórica coyuntura del imperialismo, derivando satisfacción y gozo de meternos "en su cara" al trazar un curso revolucionario para afrontarla. US$16. También en inglés, francés y sueco.

Rebelión Teamster

FARRELL DOBBS

Sobre las huelgas de 1934 que forjaron al movimiento sindical industrial en Minneapolis y ayudaron a allanar el camino para el CIO, en un relato de un dirigente central de esas batallas. El primero de cuatro tomos sobre las huelgas y campañas de sindicalización que transformaron el sindicato de los Teamsters en el Medio Oeste en un combativo movimiento social y que señalaron el camino hacia la acción política independiente del movimiento obrero. US$19. También en inglés, francés y sueco.

El Manifiesto Comunista

CARLOS MARX Y FEDERICO ENGELS

Explica por qué el comunismo no es un conjunto de principios preconcebidos sino la línea de marcha de la clase trabajadora hacia el poder, que surge de "las condiciones reales de una lucha de clases existente, de un movimiento histórico que se está desarrollando ante nuestros ojos". El documento de fundación del movimiento obrero revolucionario moderno. US$5. También en inglés, francés, persa y árabe.

El aborto: Derecho fundamental de la mujer
PAT GROGAN Y EVELYN REED

Por qué el derecho al aborto es esencial no solo para la lucha por la emancipación plena de la mujer sino para forjar un movimiento obrero unido y combativo. US$6. También en inglés.

La emancipación de la mujer y la lucha africana por la libertad
THOMAS SANKARA

"No existe una verdadera revolución social sin la liberación de la mujer", explica Sankara, dirigente central de la revolución de Burkina Faso en 1983–87. US$8. También en inglés y francés.

Wall Street enjuicia al socialismo
JAMES P. CANNON

Las ideas básicas del socialismo, explicadas en el testimonio durante el juicio en 1941 contra 18 dirigentes del sindicato Teamsters en Minneapolis y del Partido Socialista de los Trabajadores, a quienes les fabricaron cargos y encarcelaron bajo la notoria Ley Smith "de la mordaza", durante la Segunda Guerra Mundial. US$16. También en inglés.

Revolutionary Continuity
Marxist Leadership in the US
(Continuidad revolucionaria: Liderazgo marxista en Estados Unidos)
FARRELL DOBBS

Cómo generaciones sucesivas de luchadores proletarios participaron en las luchas que definieron al movimiento obrero estadounidense para forjar una dirección revolucionaria que pudiera impulsar los intereses de clase de los trabajadores y pequeños agricultores a nivel mundial. Dos tomos en inglés: *The Early Years: 1848–1917* (Los primeros años, 1848–1917), US$20; *Birth of the Communist Movement: 1918–1922* (El nacimiento del movimiento comunista, 1918–1922), US$19.

w w w . p a t h f i n d e r p r e s s . c o m